MICHAEL PASDZIOR

HAMBURGS *Schöne*

Philharmonie an der Elbe

MIT TEXTEN VON
VIKTORIA URMERSBACH

BRUCKMANN

HAMBURGS SCHÖNE: DIE ELBPHILHARMONIE

Erst heftig umstritten, ja sogar verhöhnt und verspottet, doch nun, nach ihrer Vollendung, geschätzt, bewundert und heiß geliebt: unsere »Elphi« – wie sie inzwischen bei den Hamburgern heißt. Fünfzehn lange Jahre und rund 790 Millionen Euro hat es bis zu ihrer Einweihung gedauert. Aber langwierige Bauphasen ist die Stadt ja gewohnt, auch Rathaus oder »Michel« haben elf Jahre und mehr in Anspruch genommen – übrigens waren die zunächst genauso umstritten wie die Elbphilharmonie.

Bereits in den ersten vier Monaten besuchten dieses erste Jahrhundertbauwerk Deutschlands so viele Menschen wie das bayerische Schloss Neuschwanstein im gesamten Jahr. Am Ende des ersten »Elphi«-Jahres wurden sogar 4,5 Millionen Besucher gezählt. Die Konzertstätte übt zudem eine immense Anziehungskraft auf bedeutende Künstler dieser Welt aus, die durch die Atmosphäre und das Ambiente zu Höchstleistungen animiert werden. Auch bei vielen einstigen Kritikern ist die Akzeptanz mittlerweile groß, insgesamt also überwiegt der Stolz über das imposante Bauwerk. Seine Konstruktion durch das Architekturbüro Herzog & de Meuron ist ohne Zweifel ein großer Wurf und passt mit seinem geschwungenen Dach hervorragend an diese exponierte Stelle des Hafengebiets inmitten der Stadt.

Für mich als Fotografen, der sich seit jeher gern mit Architektur beschäftigt, stellt dieses Gebäude eine große und spannende Herausforderung dar. So begann ich, als der letzte Kran im November 2015 verschwunden war, zu allen Tages- und Jahreszeiten das opulente Konzerthaus aus möglichst vielen Blickwinkeln abzulichten. Das Sprichwort »Was du heute kannst besorgen, das verschiebe nicht auf morgen« ist für Fotografen in ganz besonderem Maß gültig, denn spezielle Stimmungen gibt es nur an bestimmten Tagen und sind in dieser Stadt oft sehr wechselhaft und kurzlebig. Vor allem das Lichtspiel auf dem Glaskubus faszinierte mich, da es sich permanent ändert und eine unglaubliche Vielfalt an Effekten und Farbschattierungen auf die Oberfläche zaubert.

Zu den beliebtesten Standpunkten für Aufnahmen gehören für mich die Terrassen an der Elbe. Wenn ich hier die Panoramatreppen hinaufgehe, erdacht von der großartigen Zaha Hadid, und erst die Spitze der Elbphilharmonie und dann immer mehr vom Gebäude und dem Hafengelände sehe, so erinnert mich das jedes Mal an die Nordsee: Steige ich dort auf den Deich und sehe dabei peu à peu den markanten Leuchtturm auf dem Westerheversand und schließlich irgendwann die faszinierende Weite des Meeres, dann erfüllt mich das für einen Moment mit großer Befriedigung. So auch hier am Baumwall. Die abgerundeten Stiegen und die schwungvolle Treppenkonstruktion bilden ein perfektes Ensemble, auf dem man gern verweilt und flaniert, mit spannenden kompositorischen Blickwinkeln auf die Elbphilharmonie, die es aufzuspüren gilt.

Ein anderer guter Aussichtspunkt liegt auf der gegenüberliegenden Elbuferseite bei den Musical Theatern. Vor allem kurz vor Sonnenuntergang bieten sich bei klarem Wetter immer wieder beeindruckende Lichtspektakel auf der Fassade des Konzertgebäudes. Denn dann spiegelt sich das noch helle Abendlicht auf der Glasoberfläche vor dem dunkleren Hintergrund der Hafenskyline – ein geradezu mystischer Anblick. Welch eine herrliche, ruhige Stimmung mit intensiver Hafenatmosphäre herrscht hier, wo man fast nur das Plätschern des Elbwassers hört und die typischen Hafengeräusche wie hin und wieder das Tuten der Schiffshörner. Und dann dieses fantastische Panorama, über dem langsam der Abend einbricht, bis es schließlich ins beleuchtete Dunkel taucht!

All diese Perspektiven, Standpunkte, Lichteffekte und besonderen Stimmungen haben in dieses Buch Eingang gefunden. Die Fotografien ebenso wie die Texte möchten zum Genießen und Schwelgen einladen. Zugleich lassen sie nachfühlen, warum aus einem umstrittenen Großprojekt längst Hamburgs neues Wahrzeichen wurde – und ein geliebtes Juwel.

Michael Pasdzior

GLANZPUNKTE

So steht sie da: wie eine Wasserburg. Als habe sie immer schon hier ihren Platz gehabt. Das dunkle Wasser lässt erahnen, welch große Gewalt und zuweilen sogar Brutalität sich in einem Fluss verbirgt. Denn wenn Wind und Wetter es wollen, kann er töten. Dagegen wird die Elbphilharmonie geschützt von strengem Beton und Backstein. Die Sonne jedoch, als wolle sie diese Ernsthaftigkeit mildern und dagegen anlächeln, lässt die Dachlinie um die Wette funkeln mit den Lichtern der leicht kabbeligen Elbe.

Von der Fähre, die zwischen den Landungsbrücken und der Elbphilharmonie regelmäßig verkehrt, bieten sich bei immer wieder wechselnden Lichtverhältnissen spannende Motive.

DAS BESTE IN DER MUSIK

Das Beste in der Musik, sagte Gustav Mahler, stünde nicht in den Noten. Wo sollen wir es denn suchen, in den Instrumenten und ihren Meistern? Oder auch in der Magie der Orte, an denen die Musik erklingt? Ein Konzerthaus wie dieses gehört auf jeden Fall zum Besten an der Musik. Das empfinden auch seine Gäste, die gerade hinter den hell erleuchteten Fenstern stehen. Jetzt, in der Pause, wenn die Töne verklungen sind und eine Unterbrechung dazu einlädt, der Musik beim Blick in die Dämmerung nachzuspüren und genau das zu finden: das Beste in der Musik.

Die Elbphilharmonie hat von jeder Seite ihren eigenen und spezifischen Charakter. Wirkt sie von vorn schmal und fast zierlich, ist die seitliche Rückansicht machtvoll und in ihrer Dimension sehr viel beeindruckender. Erst hier wird ihr eigentliches Ausmaß bewusst.

DACH-
LANDSCHAFT

Ein Dach kann wie eine prächtige Krone sein – zumal wenn dort elegante Pflanzen wachsen oder sich Wellen wiegen. Ob es ein Häuschen bedeckt, das bescheiden am Rande steht, oder einen berühmten Prachtbau – bei beiden stand die Natur Pate und erinnert uns daran, dass der technische Fortschritt immer wieder auch eine Sehnsucht wachsen lässt: die nach ursprünglichen Formen, Farben und Bildern.

Das historische Sielhäuschen am Baumwall, von William Lindley im Jugendstil gestaltet, bildet einen reizvollen Kontrast zu den modernen Bauten. Kaiser Wilhelm II. soll 1904 hier zu einer Bootsfahrt in die unterirdischen Kanäle der Hansestadt aufgebrochen sein.

Den zahlreichen Besuchern der beiden Musical-Theater bietet sich allabendlich dieser grandiose Blick, wenn sie mit der Fähre hier an- oder später wieder ablegen.

GROSSSTADT IM STROM

Der abendliche Glanz der Lichter verleiht der großen Stadt einen versöhnlichen, ja festlichen Anstrich und täuscht darüber hinweg, dass eine Millionenstadt immer ganz unterschiedliche Seiten hat, auch einsame und trübe. Wie die Verwerfungen geglättet werden, das weiß der Dichter Wolfgang Borchert:

»Die Göttin Großstadt hat uns ausgespuckt
in dieses wüste Meer von Stein.
Wir haben ihren Atem eingeschluckt,
dann ließ sie uns allein.

Die Hure Großstadt hat uns zugeplinkt –
an ihren weichen und verderbten Armen
sind wir durch Lust und Leid gehinkt
und wollten kein Erbarmen.

Die Mutter Großstadt ist uns mild und groß –
und wenn wir leer und müde sind,
nimmt sie uns in den grauen Schoß –
und ewig orgelt über uns der Wind!«

Weit überragt das neue Wahrzeichen die Wohn- und Geschäftsgebäude am Sandtorhafen und bildet den mächtigen architektonischen Abschluss am Kai.

FRÜHMORGENS AM HAFEN

»Vom stillen Hafen singt manch kleines Lied; Hafen der Weltstadt, bist du jemals still?« So fragte der Lyriker Richard Dehmel. Nein, Stille ist in einem Hafen nicht erstrebenswert. Die Kräne müssen schon morgens Lasten wuchten, die Unruhe muss von den Schiffen ausgehen, das Tuten und Hämmern muss übergreifen und die ganze Stadt mit Pulsieren erfüllen. Hier in der Hafencity, wo immer mehr Menschen leben, dringt der erste Lärm auch aus den offenen Fenstern und macht die Großstadt zu einem Kosmos an Vitalität.

Die Elefantenskulptur von Salvador Dalí am Stage Theater ist vor allem abends ein besonderer Blickfang und ein fast magischer Ort, an dem man die einzigartige Hafenatmosphäre spürt.

TRAUM-WELTEN

Fantasien und Träume: Wie eng sind sie doch mit dem Bild eines Welthafens verknüpft, der stets Fernweh weckt – oder auch die Sehnsucht nach Heimat. Und der zugleich ein Sinnbild des Aufbruchs und der Offenheit ist. So gehören auch das surreale Kunstwerk und der kühne Dachschwung zu all dem Neuen, Ungewohnten, ja Befremdlichen, für die der Hamburger Hafen immer schon Anlaufort war.

WIE IST DAS WETTER?

»Wie sieht's aus in Hamburg?«, fragt die Hamburger Indie-Band Tomte. »Ist das Wetter noch intensiv?!« Ja, sehr intensiv schön, lautet die richtige Antwort, alles leuchtet! Es ist, als betrachte man die Welt durch eine rosarote Brille! Genau der richtige Zeitpunkt, um ein Foto zu machen und es an die Lieben daheim zu schicken: »Elphi und ich«.

Immer wieder ein beliebter Aussichtspunkt ist der Balkon am Kaiserkai – besonders an lauen Sommerabenden, wenn das natürliche Lichtspiel die Gebäude verzaubert.

VORFRÜHLING

Aufbruch – aber noch ganz verhalten. Sobald das allererste Grün an den Bäumen vom späteren Blätterrauschen kündet, lässt es uns schon vorsichtig innerlich jubeln. Denn wir wissen, dass das Orchester der Natur jetzt behutsam anstimmt, dass die leisen Töne bald ergänzt werden durch die hellen Akzente strahlender Blüten, die schließlich, wie in der Steigerung eines Konzerts, von den dunklen Klängen der tiefgrünen Blätter abgelöst werden.

Oberhalb der berüchtigten und berühmten St. Pauli Hafenstraße spürt man in besonderem Maße die spezifische Hafenatmosphäre, die nun durch das imposante Konzertgebäude noch gesteigert wird.

IMO 9684756
EMEN

Zu jeder Tageszeit ist der Blick von der Überseebrücke auf den Niederhafen und die Gebäude an der Kehrwiederspitze ein optischer Genuss.

FEUER UND EIS

Klirrende Kälte und Eisgang auf der Elbe. Wie Teile eines vielfältigen maritimen Ökosystems haben Schoner, Ausflugsdampfer und all die kleinen Segelschiffe hier ihr Winterquartier eingenommen und widerstehen dem Frost. Das tiefe Blau des Winterabends verbindet sie alle. Einzig das Feuerschiff tanzt wie ein Exot farblich aus der Reihe, möchte auffallen, denn Sichtbarkeit aus weiter Ferne war immer schon seine Rolle. Wasser und Feuer bleiben zwei unvereinbare Elemente.

Eine ungewöhnliche, fast senkrecht nach oben gehende Ansicht auf das Konzerthaus bekommt man vom Oberdeck der Fähre, die dicht daran vorbei navigiert. Die Kräne bilden einen beeindruckenden Blickfang und verweisen auf die ursprüngliche Nutzung des Kaispeichers, auf dem heute der Bau ruht.

DIE STOLZE BURG

»Ein stolzer Saal, ein starkes Schloss, danach stand Wotans Wunsch. Haus und Hof, Saal und Schloss, die selige Burg, sie steht nun fest gebaut.« Wer besang hier schon vor 150 Jahren die Elbphilharmonie? Doch nein, es ist die Götterburg Walhalla gemeint, die Loge in Wagners »Rheingold« preist, nicht etwa der Hamburger Konzertsaal. Und Götter leben hier natürlich nicht – doch manchmal glimmen musikalische Götterfunken.

STILLE WASSER

Stille Wasser sind tief. Doch die glatte Oberfläche täuscht – genauso wie das Sprichwort, denn Gewässer sind nie wirklich reglos, noch weniger ein Fluss, zumal wenn er von der Tide bewegt wird. Stille wirkt umso mächtiger, wenn sie in Lautes eindringt und große Klänge unterbricht – ein Phänomen, das gerade auch Musikfreunde immer wieder berührt. Und wie sich das Ohr über die ersten Töne freut, wenn im Konzert nach der Stille endlich die Musik einsetzt: So sehnt sich das Auge hier nach einem erlösenden Sonnenstrahl, der Licht auf den Spiegel des Wassers zaubert.

Ruhe bestimmt diese Szene, hervorgerufen durch die sanfte Oberfläche des Elbwassers. Sie wurde durch eine lange Belichtungszeit erzeugt.

DIE FARBE DER STADT

Rotbraun ist die Farbe Hamburgs. In vielen Schattierungen ist es überall in der Stadt zu finden: In den Klinkerfassaden großer und kleiner Häuser, in protzigen Bürotürmen, Handelskontoren oder alten Kirchen. Mal leuchtet es feurig, mal schimmert es erdig: Das Ökosystem Stadt scheint sich mit dieser Farbe den Gegebenheiten der Umwelt anzupassen, ganz wie die Pflanzen auf der anderen Elbseite einen guten Ort zum Wuchern gefunden haben und ihr eigenes Rotbraun hinüberleuchten lassen.

Die noch kahlen Sträucher am Elbufer bieten eine ungewöhnliche Komposition mit den Bauwerken an der Kehrwiederspitze.

Ein trüber Herbsttag stimmt die Hafenatmosphäre mit dem alten Segelschiff und dem neuen Stolz der Hamburger im Hintergrund ganz nostalgisch.

ALTE LADY STEUERBORD

Mit ihren hundert Metern Länge ist sie auch im Novembernebel unübersehbar: die »Rickmer Rickmers«, die betagte, stolze Lady der Weltmeere. Lange Jahre fuhr der Großsegler bis ans andere Ende der Welt, oft auf abenteuerlichen Reisen und immer weithin zu erkennen. Jetzt wird sie von der Elbphilharmonie als Landmarke der modernen Zeit deutlich überragt. Beide wenden sich elbabwärts, als schauten sie dem Wasser nach, das sich langsam den Weg Richtung Nordsee bahnt, meist in leisen Tönen, manchmal auch stürmisch.

*Mit einem besonders star-
ken Teleobjektiv eröffnet
sich diese imponierende
Ansicht des Herzens der
Stadt. Während im Süden
bereits der Himmel dunkel
wird, fängt der Glaskorpus
das Licht der untergehen-
den Sonne im Westen auf
und funkelt auf faszinie-
rende Weise.*

AN DER ALSTER

Hier zeigt sich Hamburg von seiner glanzvollen Seite, festlich beleuchtet. Alle Elemente sind vereint, die für die Stadt wichtig sind: der Bürgerstolz der Hanseaten zeigt sich im Rathaus, die Gottesfurcht der Norddeutschen findet sich in der Nicolaikirche, hier mit hell strahlendem Turmfenster. Und für die musische, die Kunst liebende Seite, steht die Elbphilharmonie, deren Fassade fast verspielt erscheint. Ein neues Element der Stadtsilhouette. Im Vordergrund liegt ganz dunkel, was die Metropole groß und bedeutend machte: das Wasser. Die Fontäne spendiert noch einen Schuss Übermut.

FEDERWOLKEN

Strenge Brücken und Bögen verbinden die Hafencity mit der Innenstadt. Als wolle er die Linien und ihre Zielstrebigkeit konterkarieren, spielt der Himmel sein Spiel mit den fedrigen, verträumten, zarten Formen, die gar keine sind. Denn Realität besteht nicht nur aus strammen Linien und forschen Bögen, aus Klarheit und eindeutiger Gestalt. Auch die vagen Ausdrücke gehören dazu, das schwer Erkennbare, Vieldeutige.

Ein Bild, das so nur im Sommer möglich ist, wenn die Sonne weit genug im Westen untergeht und die Gebäude bestrahlt.

IN DEN HIMMEL

Ein Schiff für die Musik. Seine Ansicht inspiriert und lädt zu Tagträumen ein – ganz wie der Anblick eines stolzen Segelboots, von dem Ringelnatz ins Schwärmen geriet:

»Sie haben das mächtige Meer unterm Bauch
Und über sich Wolken und Sterne.
Sie lassen sich fahren vom himmlischen Hauch
Mit Herrenblick in die Ferne ...

Es rauscht wie Freiheit. Es riecht wie Welt. –
Natur gewordene Planken
Sind Segelschiffe. – Ihr Anblick erhellt
Und weitet unsre Gedanken.«

Schemenhaft sind im frühen Morgendunst die Umrisse der beiden Gebäude zu sehen, wobei der Lichtmast und die Treppenstufen ein kompositorisches Element bilden und die angeschnittenen Schiffsmasten die maritime Komponente betonen.

Am jährlichen Hafenfest Anfang Mai ist viel los. Dicht an dicht drängeln sich dann die Schiffe bei der Ein- und Auslaufparade.

FESTTAG

Wenn der Hafen Geburtstag feiert, erweisen ihm viele die Ehre. Großsegler tänzeln an ihren Anlegeplätzen, Besucher von nah und fern bestaunen die maritimen Denkmäler, Dampfschiffgetöse, Rauchwolken, Bratwurstduft erfüllen die Luft – ganz so, wie es sich für einen besonderen Tag gehört. All das betrachtet nun die neue Majestät von ihrem prominenten Standpunkt aus – in einer Gelassenheit, wie sie ihrer Position angemessen ist.

PERSPEKTIVE

Kalte, erdige Bronze kontrastiert hier das letzte Abendlicht, das sich spektakulär in der Fassade der Elbphilharmonie spiegelt und sie zum Leuchten bringt. Elementare Gegensätze aus Tiefe und Höhe, Nähe und Ferne ziehen den Betrachter mitten in ihre spannungsvolle Beziehung. Was ist groß, was ist klein? Es ist stets eine Frage des Standpunkts.

Kunst in zweifacher Hinsicht: die Fassade der kunstvollen Architektur, gesehen durch die Metallskulptur von Richard Deacon vor dem Stage Theater

Zwei Wahrzeichen auf einen Blick: der Turm der Landungsbrücken und die Elbphilharmonie. Alte und neue Architektur stehen für zwei ganz unterschiedliche Epochen und harmonieren dennoch gut miteinander.

ZEITZEUGEN

Seit mehr als hundert Jahren weiß diese Uhr, was die Stunde geschlagen hat. Zur vollen und zur halben Stunde erklingt sie. Dabei blickt sie völlig ungerührt auf all die Umtriebigkeit um sich herum, auch angesichts monumentaler Bauten und beifallheischender Extravaganz. Mit der Gelassenheit der Älteren weiß sie um die eigene Bedeutung – und um die der Zeit, die das menschliche Leben bestimmt.

AUF DER ALSTER

Auch ein Zufluss der Elbe, der das Bild Hamburgs schon lange prägt. Hier schaukelt nur ein einsamer Segler auf der Alster, oft aber ist es gleich eine große Flotte von Vergnügungsdampfern, Partys zu Wasser mit langer Tradition. So schwärmte schon Friedrich von Hagedorn 1747 von der fröhlichen Alsterschifffahrt:

»Befördrer vieler Lustbarkeiten
Du angenehmer Alsterfluss!
Du mehrest Hamburgs Seltenheiten
Und ihren fröhlichen Genuss.
Dir schallen zur Ehre
Du spielende Flut!
Die singenden Chöre
Der jauchzende Mut.

Der Elbe Schifffahrt macht uns reicher;
Die Alster lehrt gesellig sein! ...«

Der berühmte Blick auf die Skyline der Innenstadt von der Außenalster wird durch die Elphie verändert, die sich aber gut einfügt und einen interessanten Kontrast zu den Kirchen bildet. Auch hier galt die Vorschrift: Kein Bauwerk darf höher sein als einer der vielen Kirchtürme der Stadt, die seit jeher das Bild bestimmen.

HAMBURG SÜD

OSTLICHT

In der Frühe, im Februar: Dieses Morgenlicht stellt alles in den Schatten. So golden die Strahlen das Wasser von Osten her wecken, so matt wirken jetzt noch Stein und Glas. Aber nur noch wenige Momente – dann wird das Licht auf seinem Weg auch hier den Glanz des Tages aufleuchten lassen.

Am Niederhafen, wo sonst viele Touristen flanieren, ist es in den Wintermonaten geradezu einsam. Dann kann man morgens, wenn alles noch einen verschlafenen Eindruck macht, diese Atmosphäre fast für sich allein genießen.

Wuchtig und mächtig überragt der Glaskörper des Konzerthauses die Speicherstadt mit ihren verspielten Backsteinfassaden. Ein immer wieder spannender Anblick, in dem sich historische und moderne Architektur verbinden.

STADT DER BRÜCKEN

Niemand hat sie jemals gezählt, die vielen Brücken Hamburgs. Aber es sind über 2000, mehr als Venedig schmücken. Kein Wunder auch für eine Stadt am Wasser, die seit Jahrhunderten viele Verbindungen herstellte, sogar zwischen Kontinenten – wenn auch nicht immer zum Wohle aller. Aber hier in der Speicherstadt lebt noch der ursprüngliche Entdecker- und Aufbruchsgeist, der die ersten Fahrten in die Neue Welt inspirierte. Brücken werden auch heute noch geschlagen, seien sie auch manchmal ganz anderer Art: Das neue Konzerthaus bringt Menschen und Musik zusammen.

DÄMMERUNG

Die Sonne kämpft spektakulär um letzte Aufmerksamkeit. Sie lässt das Glas der Elbphilharmonie leuchten, erfindet eine neue Farbe – ist es vielleicht Silbergoldorange? Im Wasser fühlt sich das Abendrosa besonders wohl. Schon die »Gurrelieder« singen davon.

»Nun dämpft die Dämm'rung
jeden Ton von Meer und Land,
Die fliegenden Wolken lagerten sich
wohlig am Himmelsrand ...

Im Westen wirft die Sonne
von sich die Purpurtracht
und träumt im Flutenbette
Des nächsten Tages Pracht.«

Das imposante Lichtspiel fasziniert immer wieder aufs Neue, besonders wenn sich der Abendhimmel rot färbt und die Fassade die Helligkeit im Westen einfängt.

FENSTER ZUR WELT

Fenster sind weit mehr als nur ein Teil von Architektur. Sie gelten als die Augen eines Hauses und geben Auskunft über dessen Bewohner. Große Glasfenster waren einst Ausdruck von Wohlstand und blieben lange Jahre hindurch Adelssitzen oder Kirchen vorbehalten. In der Hansestadt zeigt sich der Reichtum in den alten Bürgerhäusern, hier, wo einst große Geschäftigkeit herrschte und die Schuten Waren löschten – oft Gemüse vom saftigen Umland des Alsterlaufs. Hell erleuchtete Fenster der Büros zeugen heute von der Betriebsamkeit der Stadt – die des Konzerthauses hingegen von ihrer auch feinsinnigen, musikliebenden Seite.

Gegensätze ziehen an. So am Nikolaifleet mit seinen historischen Häusern an Deichstraße und Cremon und der modernen Glasfassade, die sich dahinter auf eindrucksvolle Art ins Bild drängt.

Gegenlicht gilt in der Fotografie als das schwierigste, aber auch interessanteste Gestaltungsmittel. Hier spielte der Zufall eine große Rolle, als für einen kurzen Moment der Hochnebel aufriss und diese beeindruckende Stimmung hervorrief.

DIE MACHT DES GESANGS

Selten sind es rationale Überlegungen, die uns unmittelbar im Herzen treffen. Nein, viel stärker, überraschender und mächtiger bewegen sinnliche Eindrücke, Gerüche und Klänge. Friedrich Schiller wusste um die Kraft der Musik:

»So strömen des Gesanges Wellen
Hervor aus nie entdeckten Quellen.
Verbündet mit den furchtbar'n Wesen,
Die still des Lebens Faden drehn,
Wer kann des Sängers Zauber lösen,
Wer seinen Tönen widersteh'n?
Wie mit dem Stab des Götterboten
Beherrscht er das bewegte Herz,
Er taucht es in das Reich der Todten,
Er hebt es staunend himmelwärts
Und wiegt es zwischen Ernst und Spiele
Auf schwanker Leiter des Gefühle.«

AUF WEITE FAHRT

Zwei ganz Große werden hier für ihre nächsten Touren flottgemacht. Das Passagierschiff lässt uns von langen Reisen träumen, von Begegnungen in der Fremde und von Weite. Solch ein Schiff verkörpert immer auch die Sehnsucht nach anderen Welten. Musik kann dieses Sehnen auf ihre Weise stillen und ebenso entführen: wenn man sich von ihrem Klang in die Ferne tragen lässt.

Die Ansicht der Docks von Blohm+Voss imponiert immer wieder, vor allem – durch das verdichtende Teleobjektiv – auf das Gewusel von Schiffsaufbauten und Kränen und der Elbphilharmonie als neuem Blickfang.

Die Treppenformen, erdacht von der genialen Zaha Hadid, bilden eine hervorragende Ergänzung bei der Neugestaltung der Elbpromenade – und sind eine Herausforderung für strukturell komponierte Bilder.

STUFEN IN DIE SONNE

Als Hochwasserschutz wurde die Treppenanlage errichtet, nach großen Sturmfluten und Überschwemmungen, die Hamburg immer wieder bedrohen. Stets bleibt es mühsam, das Wasser aus der Stadt herauszuhalten. Und auf andere Weise mühsam ist es auch, die vielen Stufen hinaufzusteigen – auch wenn sie von einer weltberühmten Architektin gestaltet wurden. Doch sind wir oben außer Atem angekommen, aus dem Schatten in die letzten Sonnenstrahlen hinein, werden wir belohnt: Wir flanieren und genießen, blicken auf Schiffsmasten, Prachtbauten, viele bunte Fahnen und darüber hinaus weit in die Ferne. Von oben wirkt auch das Wasser meist ganz zahm und friedlich. Kaum vorstellbar, dass es sich in ein Ungetüm verwandeln kann.

AUFFORDERUNG ZUM TANZ

»Auf St. Pauli brennt noch Licht«, singt der Hamburger Musiker Jan Delay, »da ist noch lange noch nicht Schicht, denn im Großen und im Ganzen ham wir allen Grund zum Tanzen.« Einen furiosen Leuchttanz vollführt die Bahn, die am Hafenrand nach St. Pauli rauscht – rasch hin zu Musik und Lachen, mitten hinein ins bunte Leben.

Fotografie kann Bewegung sichtbar machen. So wie hier an der U-Bahn-Station Landungsbrücken mit einem durchfahrenden Zug auf der Hochbahnbrücke.

AM STROME

Zu selbstverständlich ist den Hamburgern oft ihr Fluss. Sie erleben die Elbe fast immer vom nördlichen, geschäftigen Ufer aus. Umso mehr treffen die Zeilen des Schubertliedes die Herzen, beim Blick auf Stadt und Strom von Süden aus.

»Ist mir's doch, als sei mein Leben
An den schönen Strom gebunden;
Hab' ich Frohes nicht an seinem Ufer,
Und Betrübtes hier empfunden?

Ja, du gleichest meiner Seele;
Manchmal grün und glatt gestaltet,
Und zu Zeiten herrschen Stürme
Schäumend, unruhvoll, gefaltet.

Fließest zu dem fernen Meere,
Darfst allda nicht heimisch werden;
Mich drängt's auch in mildre Lande,
Finde nicht das Glück auf Erden.«

Die Hamburger Hafenskyline war schon immer beeindruckend, findet aber erst jetzt, durch die neue Bebauung der Kehrwiederspitze, ihre Vollendung und durch die Elbphilharmonie ihren Höhepunkt.

Während der Abenddämmerung am Grasbrookhafen mit seinen markanten Lichtmasten überragt die Elbphilharmonie die neuen Apartmenthäuser am Dalmannkai.

WETTLEUCHTEN

So sehr sie sich auch um Auffälligkeit bemühen: Solange noch ein letzter Schein der Sonne zu sehen ist, bleiben die Lampen blass. Es scheint vielmehr, als grüßten sie, als verneigten sie sich vor dem so viel mächtigeren Glanz und Farbenspiel am Himmel. Erst in der Dunkelheit recken sie selbstbewusst ihre leuchtenden Köpfe, um die Stadt zu erhellen und Teile der Nacht zum Tag zu machen.

Den Fahrgästen der U-Bahn bietet sich beim Ein- und Aussteigen am Bahnhof Baumwall dieser prachtvolle Blick.

LANGE SCHATTEN

Wenn der Abend kommt und die Schatten größer werden, wenn die Menschen aus den Büros zu ihren Lieben eilen: Dann bietet die Elbphilharmonie eine majestätische Kulisse für den Tagesabschluss, einen Kontrapunkt für die Hast des Alltags, deren Nichtigkeit Rilke in einem »Sonett an Orpheus« beschrieb:

»Wir sind die Treibenden.
Aber den Schritt der Zeit,
nehmt ihn als Kleinigkeit
im immer Bleibenden.

Alles das Eilende
wird schon vorüber sein;
denn das Verweilende
erst weiht uns ein.«

GLITZERN, NAH UND FERN

Das Tageslicht schwindet langsam. Mögen Lichter und Farben dann noch so grell leuchten und die Dämmerung aufmischen, bald wird die Nacht sich über die Welt senken und mit ihr die Dunkelheit, deren Schönheit Goethe beschrieb:

»Nacht ist schon hereingesunken,
schließt sich heilig Stern an Stern;
große Lichter, kleine Funken,
glitzern nah und glänzen fern;
glitzern hier im See sich spiegelnd,
glänzen droben klarer Nacht;
tiefsten Ruhens Glück besiegelnd
herrscht des Mondes volle Pracht.«

Der Sockel der Elbphilharmonie lädt zu Lichtinstallationen geradezu ein. Am Christopher Street Day leuchtet er in den Regenbogenfarben.

CONTAINER

Container brachten den Hamburger Hafen auf Erfolgskurs, machten ihn konkurrenzfähig. Farbig zwar, aber doch gradlinig und von kantigem und äußerst rationalem Design – die riesigen Frachtkisten sind keine Konkurrenz für die virtuose Gestaltung der Elbphilharmonie. Im Gegenteil. Sie stehen für Handel, Arbeit, Pragmatismus und Wohlstand. Die Elbphilharmonie hingegen mit ihrem Wellendach für die Welt der Musik, für schwingende Klänge – und auch rauschenden Beifall.

Eine Perspektive, die nicht leicht zu finden war: die bunten Container des Hafens, welche die Philharmonie bald zu überragen scheinen, und im Kontrast die grauweiße Glasfassade des neuen Musiktempels.

Fast mystisch wirkt das Gebäude mit seinem gezackten und wellenförmigen Dach bei Gegenlicht und dramatischem Himmel.

DURCH DIE WOLKEN

Sonnenlicht bricht sich seinen Weg durch die Wolken – und das kann in Hamburg ein langer Weg sein. Das Wasser nimmt die Strahlen gern auf und wirft sie gleich noch einmal zurück. Funkelnd tanzen sie auf dem sacht bewegten Elbwasser. Die Tide schickt das Nass flussaufwärts und flussabwärts – Gezeiten wie seit Ewigkeiten.

DER ALTE DUFT DER NEUEN WELT

Zu Füßen der neuen Prachtbauten der Hafencity schaukeln noch die alten Schiffe und wecken Reiselust. Seit mehr als hundert Jahren schon stößt der Kohledampfer Schaarhörn immer wieder seinen schwarzen Ruß in die Luft und verdunkelt dann sogar das leuchtende Glitzerkleid der Elbphilharmonie. Der Wind trägt den Geruch von Wasser und Algen herauf, und so duftet es hier immer noch nach dem alten Hafen, den Wolf Biermann besang:

»Bei Hamburg riecht der Elbefluss
Schon sehr verführerisch
Nach Nordsee und nach Engelland
Nach Teer und Hochseefisch.«

Der Sandtorhafen mit seinen Traditionsschiffen sorgt für maritimes Flair und unterstreicht die Lage der Elbphilharmonie mitten im Hafen der Stadt.

BUNTE DÄCHER

Kupfergrün übertrumpfen die kleinen Dächer der Speicherbauten das erdige Braun des heimischen Backsteins unter ihnen. Hier in den Lagerhallen duftete es einst weithin nach Kakao, Kaffee und vielen exotischen Gewürzen, die aus aller Welt nach Hamburg geschifft wurden. Zum Gedächtnis Hamburgs gehören diese Importe auf fernen Ländern. Und so prägen Vertrautes und Fremdes ganz nah beieinander seit jeher das Bild der Stadt.

Schöner kann ein Kontrast kaum sein: Die Spitzen von Gebäuden der Speicherstadt, einem UNESCO-Welterbe, und das Glasdach der Elbphilharmonie.

TaylorWessing

BLAUES WUNDER

Vollkommen unwirklich erscheint die blaue Stunde in der Stadt. Ist das noch Wirklichkeit? Georg Heym dichtete:

»Alle Landschaften haben
Sich mit Blau gefüllt.
Alle Büsche und Bäume des Stromes,
Der weit in den Norden schwillt.

Blaue Länder der Wolken,
Weiße Segel dicht,
Die Gestade des Himmels in Fernen
Zergehen in Wind und Licht.

Wenn die Abende sinken
Und wir schlafen ein,
Gehen die Träume, die schönen,
Mit leichten Füßen herein.«

Einen tollen Blick auf »Elphi« und den Hanseatic Trade Tower hat man auch aus der Hochbahn, die hier über die legendäre Eisenbrücke zwischen Landungsbrücken und Rödingsmarkt fährt, unmittelbar am Hafen entlang.

Fast modellhaft und ein wenig unwirklich erscheint das Gebäudeensemble an der Kehrwiederspitze aus dieser Perspektive im Frühjahr. Die Spiegelung des Hanseatic Trade Towers in der Glasfassade tut ein Übriges.

HERRLICHE AUSSICHTEN

So viele Fenster! Als besonderes Glück gilt in Hamburg eine Aussicht mit Elbphilharmonie, wohl Tausende Fenster bieten diesen Blick. Hingegen sind es genau 1089, die für das Konzertgebäude selbst angefertigt wurden. Und keines gleicht dem anderen. So individuell sind auch die Ausblicke der Menschen, die an einem dieser Fenster stehen. Sie schauen elbabwärts, Richtung Nordsee, und können dort nicht nur Schiffe, Hafenanlagen und Wasser entdecken. Wer möchte, lässt die Seele weit forttragen, bis hin zu noch viel ferneren Orten.

IM FLUSS

Wie ein leuchtender Strom braust der Verkehr nachts am Elbufer entlang. Das Auge sucht hier das Wasser, doch eine große graue Barriere lässt es stutzen und bremst den Blick. Massiv steht sie den mächtigen Fluten im Weg, die in Hamburg über die Jahrhunderte viel Unglück angerichtet haben. Davon ungerührt ragt dahinter stolz die markante Silhouette der Elbphilharmonie in den Himmel – als könnte sie den Elementen ewig trotzen.

Die kräftig roten Lichter der vorbeifahrenden Autos am Baumwall kontrastieren zum blauen Abendhimmel.

Zuweilen leuchtet die berühmte Glasfassade – so wie an einem klaren Herbst- oder Wintertag beim Blick von der Hochbahnstation Landungsbrücken.

ALPEN-GLÜHEN IM NORDEN

Wer sagt, dass nur die Berge dieses besondere Glühen der Abendsonne kennen? Am Baumwall verzaubert das letzte Licht die Stadt, taucht sie in warmes Rot. Hier, am Stammsitz vieler Reedereien und Schiffsausrüster, erkannten einst Seeleute an den Fahnen, wo sie anheuern konnten. Heute finden Seh-Leute in solchen Momenten die schönsten Ausblicke auf den Hafen und den Glanz eines funkelnden Musikpalasts.

NACHBARN

Wie Teleskope schieben sich die Balkone in der Straße Am Kaiserkai hervor. Als beäugten sie neugierig und ein bisschen aufgeregt den neuen Nachbarn, der da wie ein schwarzer, massiger, gezackter Berg so in ihrem Blickfeld steht. Fast hört man sie geschwätzig miteinander tuscheln, eine kleine Lästerei über die Selbstgefälligkeit des Kolosses. Hier hell und unruhig, dort dunkel und hermetisch: Kontraste in unmittelbarer Nachbarschaft, die den Blick in eine Stadt so spannungsreich machen.

Die ideenreiche und auffällige Fassade dieses Apartmenthauses des österreichischen Büros LOVE architecture and urbanism bildet am Abend einen Blickfang, der lohnt, wahrgenommen zu werden.

Die »Cap San Diego« ist das größte fahrtüchtige Museums-Frachtschiff der Welt. Ihr ständiger Liegeplatz an der Überseebrücke lädt zu diesem Postkartenblick ein, besonders im späten Nachmittagslicht.

SCHMUCK-STÜCKE

Modern und postmodern – und beide mit ihren ganz eigenen Schwüngen, dabei voll Kraft und Eleganz. Dem Handel ist das Containerschiff gewidmet, der Musik die andere geweiht, diese Ikone der Kultur. Und so leuchten sie um die Wette: zwei so verschiedene Symbole in enger Nachbarschaft. Doch in einem Welthafen ist viel Platz für scheinbar Unvereinbares.

ABSCHIED UND WILLKOMMEN

Wie riesige Kreuzfahrtschiffe scheinen die Gebäude in See zu stechen, so, als würden sie in Kürze eine schneidige Wettfahrt veranstalten. Sie sind festlich beleuchtet, die Passagiere sind schon an Bord. Einst war die Seefahrt an große Entbehrungen und Gefahren geknüpft. Hier an der Kehrwiederspitze, so sagt man, verabschiedeten Frauen und Kinder früher die Seemänner und hofften auf ihre gesunde Rückkehr. Heimatverbundenheit und Reiselust sind zugleich mit diesem Ort verbunden, ebenso Bangen und Zuversicht. Eine kleine Lebenswelt der großen Emotionen.

Drei auf einen Streich: Dieser Blick bietet sich an der Kehrwiederspitze, an der auch in vergangenen Zeiten markante Hafengebäude standen. Verstärkt wird der dynamische Eindruck durch ein extremes Weitwinkelobjektiv.

ELBPHILHARMONIE

WENN DER HIMMEL LACHT

Strahlender Himmel, auch das ist Hamburg. Dann entschädigt das tiefe Blau für trübe Tage. Dann darf der Blick diese Weite erleben, die nur das nordische Licht herbeizaubert. »Die Seele schwingt sich durch die Luft ins blaue Himmelszelt.« So wie hoch oben die Möwe, die sich voll Leichtigkeit über das silbrige Wellendach erhebt.

Nur im Winter glitzert das Licht der früh untergehenden Sonne auf dem Glaskörper der Elbphilharmonie. Diesen Blick auf das alte und neue Wahrzeichen der Stadt genießt man von der Spitze des Südwesthafens.

ENTDECKER GESUCHT

Die Magellanterrassen huldigen dem Weltumsegler, einem Entdecker der Neuen Welt. Heute dürfen die Besucher des Platzes sich selbst als Entdecker fühlen – in einem Stadtteil, der sich stetig verändert und wächst. Und in dem die Kulisse des neuen Hamburger Wahrzeichens wie ein Sinnbild für die weltumspannenden Reisen des Fernando Magellan erscheint: Es bietet jener Kunst eine Heimat, die unterschiedlichste Menschen verbindet und deren Sprache von allen Nationen verstanden wird – der Musik.

Eine neue Freizeit-oase und belieb-ter Treffpunkt zur Mittagszeit sind die Terrassen am Sandtorkai, die auch für vielfältige Veranstaltungen genutzt werden. »Elphi« grüßt von Ferne.

Romantik pur: Das Liebespaar genießt die Abendstimmung am Grasbrookhafen vor der Kulisse der Wohngebäude in der Hafencity mit dem alles überragenden, neuen Wahrzeichen am Dalmannkai.

ABSCHIED IN DER DÄMMERUNG

Ein Blick auf das letzte Licht, voller Sehnsucht. Als müssten diese beiden Abschied nehmen – vom Tag, voneinander, von der Stadt? Manchem Besucher geht es wohl wie Heinrich Heine, dem Spötter, der zu Hamburg eine innige, wenn auch schwierige Beziehung pflegte:

»Schöne Wiege meiner Leiden,
Schönes Grabmal meiner Ruh,
Schöne Stadt, wir müssen scheiden, –
Lebe wohl! ruf' ich dir zu ...

Hätt' ich dich doch nie gesehen,
Schöne Herzenskönigin!
Nimmer wär es dann geschehen,
Daß ich jetzt so elend bin.«

IMPRESSUM

Verantwortlich: Pamela Scholz, Linda Weidenbach
Redaktion: Juliane Braun
Korrektorat: Martin Thorn
Satz: Akademischer Verlagsservice Gunnar Musan
Umschlaggestaltung: Claudia Geffert
Herstellung: Anna Katavic, Alexander Knoll
Repro: LUDWIG:media
Printed in Slovenia by Florjancic Tisk

★★★★★

Sind Sie mit diesem Titel zufrieden? Dann würden wir uns über Ihre Weiterempfehlung freuen. Erzählen Sie es im Freundeskreis, berichten Sie Ihrem Buchhändler, oder bewerten Sie bei Ihrem nächsten Onlinekauf. Und wenn Sie Kritik, Korrekturen oder Aktualisierungen haben, freuen wir uns über Ihre Nachricht an Bruckmann Verlag, Postfach 40 02 09, D-80702 München oder per E-Mail an lektorat@verlagshaus.de

Unser komplettes Buchprogramm finden Sie unter:

www.bruckmann.de

Textnachweis:
Längere Kapiteltexte: Viktoria Urmersbach
Vorwort und Bildunterschriften: Michael Pasdzior

Bildnachweis: Alle Bilder stammen von Michael Pasdzior

Cover: Die Elbphilharmonie im Licht der untergehenden Sonne.
Seite 1: Die Hafenpromenade, entworfen von Zaha Hadid, dient gleichzeitig als Hochwasserschutzanlage.
Seite 2: Die Elbphilharmonie erstrahlt am Christopher Street Day in leuchtenden Farben.

Die Deutsche Nationalbibliothek verzeichnet diese Publikation in der Deutschen Nationalbibliografie; detaillierte bibliografische Daten sind im Internet über http://dnb.d-nb.de abrufbar.

ISBN 978-3-7343-1280-9